AF318298

ROSALIE THOUREIN

Cidevant Demoiselle de Comptoir du Café des Mille Colonnes.

C'est ainsi que Rosalie Thourein se vit installée au
modeste comptoir de l'avant salle, où la foule se porta
aussitôt attirée par la beauté de cette jeune demoiselle,
dont le modeste front n'était orné que d'un simple
bandeau de roses, moins fraîches que son teint.   *Page 28.*

Le monstre (Romain) réalise ses horribles projets;
mais il ne peut m'effrayer. La Justice doit le juger comme il le mérite.
Lettre de Rosalie Thourein à Brachet-ferrières.
Page 33.

EXPOSÉ

DES MACHINATIONS OURDIÉS PAR LE SIEUR ROMAIN, LIMO-
NADIER DU CAFÉ DES MILLE - COLONNES, ASSISTÉ DES
SIEURS BRACHET — FERRIÈRES, SOI - DISANT AVOCAT,
ET NICOLAS-FRANÇOIS GEORGES, JURISCONSULTE PRÉ-
TENDU, ET DE LA SŒUR-GRISE DE L'HOTEL-DIEU,
MANON MOIN;

Pour surprendre la Religion des Magistrats,

ET OBTENIR UN ORDRE DE RÉCLUSION CONTRE LA DE-
MOISELLE MADELEINE-ROSALIE THOUREIN, CI-DEVANT
DEMOISELLE DE COMPTOIR AU CAFÉ DES MILLE-
COLONNES;

PAR M^e. JOURDAIN,

ANCIEN AVOCAT AUX CONSEILS DU ROI;

Membre du Conseil de Famille convoqué, le 8 janvier 1818, pardevant le Juge de Paix, Monsieur Colmet de Santerre, à la
requête du sieur Brachet-Ferrières.

PARIS,

CHEZ DELAUNAY, LIBRAIRE,

PALAIS-ROYAL, GALERIE DE BOIS, N°. 243.

—

1818.

INTRODUCTION.

—

L'histoire de France, aux époques les plus désastreuses, lorsque la morale publique était méconnue, et les lois foulées aux pieds; les siècles même de ténèbres où le fanatisme épouvanta la terre de tant d'atrocités, où le zèle religieux servait de prétexte et d'excuse aux plus noirs attentats, et où enfin la barbarie et les cruelles turpitudes des dévots ont surpassé la monstruosité des Néron, n'offrent peut-être point d'exemple d'un abus aussi révoltant des formes de la justice, que celui dont il est ici question. En effet, on y verra un homme, séducteur et adultère tout à-la-fois, s'armer de tout ce que la loi et la religion ont de plus sacré, pour forcer sa victime à reprendre d'infâmes liens; une religieuse, sacrifiant tout, jusqu'à sa propre nièce, à la soif de l'or, autoriser de son nom et seconder de tous ses moyens les vues criminelles de cet homme pervers; et une maison, consacrée spécialement à la retraite, à la décence et à la piété, admettre bénévolement dans son enceinte sacrée le misérable séducteur de l'infortunée recluse. Ce qui est surtout bien déplorable, et a droit de surprendre et effrayer tout homme doué de la faculté de penser, c'est que les acteurs de cet horrible complot contre la liberté d'une jeune demoiselle, la plupart mal famés ou sans feu ni lieu, aient non-seulement osé se présenter devant la justice, mais encore qu'ils aient pu surprendre aussi facilement la religion des magistrats.

Une malheureuse orpheline, Madeleine-Rosalie Thourein, à peine âgée de quatre lustres, dont tout Paris a admiré pendant trois ans, au deuxième comptoir du café des Mille-Colonnes, le maintien décent et les grâces naïves, se voit tout-à-coup, en vertu de l'acte le plus illégal, privée de sa liberté, et séques-

trée pour six mois dans une de ces maisons,
où l'on renferme, par avis de parens, les jeunes
personnes de son sexe, dont les mœurs disso-
lues sont un objet de scandale pour la société
et de honte pour leur famille.

Voici les matériaux que nous nous sommes
procurés sur cette odieuse affaire, non pas
par intérêt pour la malheureuse qui en est
victime, mais par intérêt pour la société en
général, dont la liberté individuelle et la justice sont la véritable sauve-garde.

EXPOSÉ DES FAITS

Tracé par Rosalie THOUREIN, le 2 janvier 1818,

Pour consulter M. Berryer fils, Avocat.

———

Mademoiselle Rosalie-Madeleine Thourein, née à Paris le 20 messidor de l'an six de la République, fut élevée par sa sœur, ayant perdu son père et sa mère à onze ans, et étant négligée par tous ses autres parens.

A l'âge de dix-sept ans, elle fut trompée par le sieur Romain, maître du café des Mille-Colones, qui lui fit quitter la maison de sa sœur, sur la promesse de prendre ses intérêts, et de lui être utile d'une manière qui ne devait que lui inspirer de la confiance. Il l'amena dans une maison où il démentit les intentions pures qu'il avait d'abord manifestées pour couvrir entièrement ses projets peu délicats.

Il la força de venir chez lui (dans la même maison avec son épouse), sur la promesse de lui donner douze cents francs par an, comme demoiselle de comptoir : promesse qu'il ne réalisa jamais. Elle y resta deux ans, victime de toutes sortes de mauvais traitemens. La conduite de cet homme devint extrêmement brutale et même il la frappa. Mademoiselle Rosalie craignit le résultat de ses menaces, comme de lui jeter du vitriol au visage, de lui casser la tête, et tout cela si elle songeait à le quitter.

Cette conduite, la répugnance qu'elle avait eue toujours pour une position qui ne s'accordait point avec ses principes, la déterminèrent à réaliser le projet qu'elle avait conçu depuis long-temps.

Au 27 décembre dernier, elle prit donc la résolution de quitter sa maison; elle en instruisit l'épouse du sieur Romain qui approuva les raisons qu'elle lui exposait, et lui donna une somme d'argent pour ses pressans besoins.

Mademoiselle Rosalie fut prendre un asyle chez une amie, au milieu de ses enfans, une femme mariée et d'un état honorable. Le sieur Romain ne tarda pas à découvrir l'asyle qu'elle avait choisi, et le jour même, il vint chez cette dame où il employa les prières, les menaces, enfin, tout ce qui était en son pouvoir, pour ramener Mademoiselle Rosalie chez lui. Le jour suivant, il la poursuivit dans la rue, toujours protestant qu'il changerait de conduite envers elle. Mais ce fut en vain; voyant qu'elle ne perdait point sa fermeté, il lui assura qu'il se vengerait. Et pour cette raison, il employa un prétendu avocat, nommé Brachet-Ferrières, afin de l'effrayer par une fausse accusation d'avoir volé une montre d'or. Un monsieur qu'elle connaissait depuis deux ans, lui offrit de soigner sa maison, en même-temps que sa protection qui devait la mettre à l'abri des poursuites d'un homme qui n'avait aucun droit sur elle. Elle accepta: deux jours après son arrivée chez lui, deux mouchards vinrent violer son domicile, voulant emmener de force mademoiselle Rosalie, sous l'apparence de venir de la part de parens qu'elle ne connaît même pas; mais ces deux mouchards, qui n'étaient que les envoyés du sieur Romain, ne pouvant montrer leur autorisation, furent chassés comme deux fripons. *Le sieur Romain ne pouvant réussir par lui-même, fut trouver une tante, sœur à l'Hôtel-Dieu, qui ne s'était jamais mêlée de sa nièce, et l'engagea à donner un tuteur à mademoiselle Rosalie.* Une assemblée de famille fut convoquée par cette tante. Deux cousins fort éloignés ont paru : l'un d'entr'eux s'en est allé avant l'affaire terminée, disant qu'il ne voulait point rester en si mauvaise compagnie;

et l'autre étranger, nommé Georges, qui a donné de faux renseignemens, ami du sieur Romain, fut nommé tuteur, homme seul, mouchard bien connu, sans aucun moyen, demeurant dans une chambre, sans domestique, sans famille quelconque. Voilà le tuteur choisi par la tante, pour servir les intrigues du sieur Romain. Un nommé Brachet-Ferrières, se disant faussement avocat, aussi ami du sieur Romain, fut employé par la tante pour cette cause sale.

Ce 12 *janvier* 1818.

Signé, Rosalie-THOUREIN.

Réponse de M. Berryer, fils, avocat, à l'exposé des faits tracé par Rosalie Thourein.

J'ai examiné hier soir les pièces qui m'ont été remises par mademoiselle Rosalie Thourein. Il est besoin de quelques explications pour mettre cette demoiselle à l'abri des mesures que l'on veut prendre contre elle; en attendant, elle peut rester tranquille chez son maître, dont la maison est inviolable, et qui ne doit ouvrir sa porte qu'à un juge de paix, qui, d'ailleurs, ne se présentera pas en pareilles circonstances.

Signé BERRYER, fils.

Ce 13 *janvier* 1818.

PLAINTE

DE MADEMOISELLE MADELEINE - ROSALIE THOUREIN,
CONTRE UNE PRÉTENDUE ASSEMBLÉE DE FAMILLE ET
UN SOI-DISANT TUTEUR D'OCCASION, QUI ONT PRO-
VOQUÉ SA RÉCLUSION SUR UN FAUX EXPOSÉ,

*A Monsieur le Procureur-général près la Cour royale
de Paris.*

Madelaine-Rosalie THOUREIN, mineure, âgée de dix-neuf ans et demi, née le 9 juillet 1798 (21 messidor an 6), actuellement détenue aux Dames Saint - Michel, en vertu d'un ordre de M. Try , président du Tribunal de première Instance de Paris , à elle non communiqué, a l'honneur de vous représenter, monsieur le Procureur-général, qu'elle est arbitrairement détenue depuis le 27 janvier, par suite du plus infâme complot, ourdi contre elle par un sieur Romain , dit *Saint-Romain*, maître du café, au Palais-Royal, connu sous le nom de *Café des Mille - Colonnes*.

Voici le fil de toute l'intrigue , et les circonstances qui auraient dû prémunir le magistrat contre la demande qu'un prétendu tuteur, nommé depuis quinze jours, osait lui adresser.

L'exposante est fille de pauvres parens, qui l'ont laissée orpheline dès son plus bas âge.

Sa mère, *Marguerite-Françoise Noirvache*, est décédée le 15 brumaire an 12.

Son père, *Guillaume Thourein*, portier dans une maison rue Saint-Honoré, est mort à l'Hôtel-Dieu de Paris le 29 juin 1808.

Elle fut élevée par sa sœur, personne peu fortunée, et dont elle fut entièrement oubliée, ainsi que de toute espèce de parens et d'amis de ses père et mère.

Elle avait dix-sept ans, lorsqu'elle fut sollicitée par le sieur *Romain*, tenant le café des *Mille-Colonnes*, de quitter la maison de sa sœur, pour venir prendre, dans son établisment, la place de fille de comptoir, aux appointemens de 1200 francs.

La demoiselle *Rosalie Thourein* crut aux promesses du sieur *Romain*, promesses que celui-ci réitéra devant la dame son épouse. Elle vint donc tenir l'un des comptoirs du magnifique café des *Mille-Colonnes*.

Malheureusement le sieur *Romain* avait ,
sur la demoiselle *Rosalie*, des vues qui ne
pouvaient s'accorder avec les principes de cette
jeune personne : ce qui fut la cause des mauvais procédés qu'il avait pour elle , de la conduite brutale qu'il tenait à son égard , et des
menaces dont il l'accablait , telles que de la
frapper , de lui jeter du vitriol au visage , de
lui casser la tête ; mauvais traitemens qui aug-
mentaient nécessairement chaque fois que la
demoiselle *Rosalie* manifestait l'intention de
quitter la maison de son cruel maître.

Bref , le 27 décembre , la malheureuse *Rosalie* , n'y pouvant plus tenir , prit le parti de
quitter la maison. Elle en intruisit la dame
Romain , qui approuva les raisons qu'elle lui
exposait , et lui donna une somme d'argent
pour ses pressans besoins.

L'exposante alla prendre un asyle chez son
amie , madame C......., mère de famille ,
habitant rue de la Lune , où elle tient un état
honorable , comme épouse d'un employé du
gouvernement , présentement au Hâvre.

Le sieur *Romain* ne tarda pas à découvrir
la retraite de la demoiselle *Rosalie ,* et le jour
même , il vint chez madame C......, où ,
animé par le sentiment de jalousie qui le di-

rige, il employa alternativement les prières,
les menaces, et tout ce qui était en son pouvoir, pour ramener *Rosalie* auprès de lui.

Le jour suivant, il la poursuivit dans la rue,
en prétextant les plus généreux sentimens pour
elle ; mais surpris de la fermeté que cette
jeune personne conservait, il lui promit de
s'en venger.

Ce sont les actes partant de cette vengeance,
que la demoiselle *Rosalie* va mettre sous vos
yeux.

Tout ce tissu d'intrigues a été conduit par
un sieur *Brachet - Ferrières*, prétendu avocat,
demeurant rue de l'Abbaye, n°. 12, affidé et
commensal du sieur *Romain.*

En effet, le sieur *Romain* et son ami *Brachet*
obtiennent de la dame *Manon Moin*, sœur-
grise à l'Hôtel-Dieu, tante de *Rosalie Thourein*, et qui jusque-là ne s'était jamais occu-
pée de sa nièce, une procuration, ou pouvoir
sous seing-privé, à l'effet de convoquer un
conseil de famille pour la pourvoir d'un tuteur.

Ces personnages se présentèrent à M. *Colmet
de Santerre*, juge-de-paix du neuvième arrondissement ; et sur leur indication, ce juge-de-
paix appela pour le conseil de famille,

(15)

1°. Le sieur *Pierre-Jacques Chabert*, serrurier, rue Thiroux, qui a épousé une cousine
de *Rosalie* ;

2°. Le sieur *Georges Couturier*, chaudronnier, rue Saint-Martin, qui est allié de la
même manière ;

3°. Un sieur *Nicolas - François Georges*,
prétendu jurisconsulte, demeurant à Paris,
rue des Boucheries, n°. 30, homme sans état,
occupant un grenier, vivant on ne sait com-
ment, et qui, par cette raison, n'est pas
imposé au rôle : fait attesté par la commission
des Contributions (voir le certificat du 18 janvier 1818, qui est ci-joint) (1) ;

---

(1) COMMISSION DES CONTRIBUTIONS. — 10e. ARRONDISS^T.

L'an mil huit cent dix-huit, le 23 janvier, les Commissaires des Contributions directes de la ville de Paris, cer-
tifient que M. Georges, compris au rôle de la Contribution
personnelle pour mil huit cent dix-sept, avec sa qualité
d'employé, d'après un loyer de cent francs, n'est pas imposé au rôle de la Contribution personnelle de l'an mil
huit cent dix-sept, rue des Boucheries, n°. 30, maison de
M. Mahin, quartier de la Monnaie.

Le présent certificat délivré pour servir et valoir ce que
de raison, à la requête de M. B. . . . . ., avoué.

Fait en Commission, les jour et an que dessus.

Les Commissaires,
CARBONNEREY.   BROU.

4°. Un sieur *Coquelin*, miroitier, rue Saint-Christophe, n°. 8;

5°. Le sieur *André-Louis Jourdain*, ancien avocat au conseil, demeurant rue Saint-Merry, hôtel Jabach;

6°. *Jean-René Bigot*, employé, demeurant à Paris, rue de Jouy, n°. 6, garçon de bureau du juge-de-paix :

Ces quatre derniers, appelés comme amis, à défaut de parens.

Or, que font ces deux parens et ces quatre amis, que *Rosalie* n'a jamais vus ni connus, et qui n'ont jamais eu de relations avec ses père et mère : circonstance exigée par l'art. 409 du Code pour suppléer les parens ?

Sauf le sieur *Jourdain*, l'un d'eux qui pensa que c'est le cas d'émanciper *Rosalie*, ces prétendus parens et amis décident, avec le juge-de-paix, qu'il faut nommer un tuteur et un subrogé tuteur à ladite *Rosalie ;* et quel est ce tuteur qu'ils lui donnent ? C'est le sieur *Georges*, ce prétendu jurisconsulte, qui ne paie pas d'impôt parce qu'il a pour domicile deux cabinets au cinquième étage, et qu'il ne possède rien au monde.

Nous devons dire ce qu'était devenue *Ro-*

salie pendant toutes les menées de son persécuteur.

Née de pauvres parens, sans fortune, étant obligée de se mettre en condition pour exister, elle avait choisi une maison honnête où elle avait obtenu une place de femme de charge (1).

Cette circonstance avait augmenté la fureur délirante et jalouse du sieur Romain : aussi, guidé par son zélé conseil, le sieur Brachet-Ferrières entreprend-il de faire autoriser le sieur Georges, tuteur nommé le 8 janvier, à provoquer la réclusion de sa pupille, et d'invoquer à cet effet tous les droits attribués par le Code à la puissance paternelle.

Quels étaient les sujets de mécontentement *très-graves*, que le sieur Georges avait contre Rosalie, devenue par hasard sa pupille, puisqu'il ne l'avait ni vue ni connue ?

Elle aurait quitté la place de fille de comptoir d'une maison honnête où elle aurait été placée.

---

(1) Quelle que soit l'opinion qu'on peut avoir sur la conduite antérieure de Rosalie, il semble que sa fuite du café des Mille-Colonnes aurait dû être regardée au moins comme un retour à la vertu.

2

Elle aurait pris ce parti pour se livrer au libertinage.

Cette place de fille de comptoir était une condition forcée d'être à la dévotion du sieur Romain.

Cette *maison honnête* était le café des Mille-Colonnes.

La mauvaise conduite de Rosalie serait de demeurer chez M...... en qualité de femme de charge.

Sur cet exposé singulier, les mêmes parens et prétendus amis prennent, le 27 janvier présent mois, avec le même juge de paix, une délibération par laquelle ils autorisent le tuteur, nommé huit jours auparavant, à provoquer la réclusion de sa pupille, conformément à ce qui est statué à ce sujet en matière de puissance paternelle.

Et sur une simple requête, à laquelle est jointe la délibération du conseil de famille, M. Try, président du Tribunal de première Instance, sans faire venir auprès de lui Rosalie Thourein, sans prendre la moindre information, ordonne la réclusion de Rosalie pour le *maximum* du temps autorisé par la loi, c'est-à-dire, pour six mois.

En conséquence, le 27 janvier dernier, la

malheureuse Rosalie, appréhendée au corps dans la maison de M........., par le sieur Bouillart, assisté de la force armée, à été conduite et écrouée à la maison de réclusion des Dames de Saint-Michel.

C'est de l'ensemble de tous ces faits et de chacun d'eux en particulier, que Madeleine-Rosalie Thourein rend plainte devant vous, Monsieur le Procureur général, conformément à l'article 382 du Code civil.

Sa détention est arbitraire, vous n'en sauriez douter.

Si Monsieur le Président du Tribunal de premier Instance, avait observé ou vu des preuves que Georges, prétendu tuteur, avait été nommé à ces fonctions de tuteur, le 8 janvier 1818, il aurait pensé naturellement que, dans l'espace de dix à douze jours, la pupille dudit étranger, devenu son tuteur, n'avait pu lui donner des sujets de mécontentement *assez graves*, pour mériter la réclusion d'une jeune fille qui avait près de vingt ans.

Ce magistrat n'aurait-il pas dû justement se méfier d'une délibération prise par des individus dont quatre sont étrangers à la mineure, et que le juge de paix n'a même pu annoncer comme ayant eu des relations avec ses père et mère?

N'aurait-il pas dû apporter plus d'attention dans l'usage du pouvoir discrétionnaire que lui donne la loi, lorsqu'il a vu que le tuteur n'était pas un parent?

Disons-le fermement : le cafetier Romain est le machinateur de toute cette intrigue, le persécuteur infatigable de Rosalie : il a conduit Brachet - Ferrières chez la tante, sœur grise, pour obtenir son pouvoir; il a payé partout, prétendus parens et amis; il était là lors de la réclusion; il accompagnait l'huissier Bouillart à la maison des Da es de Saint-Michel; il a tiré de sa poche l'argent nécessaire pour consigner le premier mois de pension, et adopté avec satisfaction le *minimum* des frais de pensionnat, de sorte que Rosalie est dans une chambre sans feu, malgré la rigueur de la saison, au pain et à l'eau comme un malfaiteur.

Quant à son *généreux tuteur*, le prétendu jurisconsulte Georges, il était là comme un mort, laissant dire et agir le sieur Romain.

L'intention de Rosalie est, sans doute, de demander son émancipation; mais elle ne peut l'obtenir qu'en éloignant du conseil de famille les affidés du sieur Romain : elle ne se dissimule pas toutes les difficultés que ce persécuteur lui fera susciter.

Mais la première chose qui lui soit nécessaire, c'est sa liberté.

Pour motiver une réclusion semblable à celle dont elle gémit, il faut que le père ou le tuteur ait des sujets de mécontentement très-graves sur la conduite de l'enfant ou du pupille; or tout le crime de Rosalie est d'avoir quitté le cafetier Romain, et d'être entrée en condition chez M. . . . .

Mettra-t-on en parallèle ce sieur Romain, avec un homme d'honneur avantageusement connu par ses titres et l'état honorable qu'il tient à Paris et qu'il tenait précédemment dans sa patrie ?

Et parce que le tuteur, que l'intrigue et l'imprévoyance du juge-de-paix lui auront fait nommer, n'aura pas de domicile ni de moyens de recueillir sa pupille, il lui sera permis de la faire mettre en prison pour six mois, sauf à recommencer! Étrange prétention !

Ce considéré, Monsieur le Procureur général, Madeleine-Rosalie Thourein supplie qu'il vous plaise, conformément à l'article

382 du Code civil, vous faire rendre compte
par Monsieur le Procureur du Roi, des motifs
qui ont déterminé la réclusion de la susnom-
mée, et faire votre rapport de tout à Monsieur le premier Président, pour, après tous
les renseignemens recueillis, notamment auprès de l'huissier Bouillart, révoquer l'ordre
de réclusion délivré par Monsieur le Président
du Tribunal de première Instance, sous la
demande de la suppliante de répéter tous
dommages intérêts contre qui il appartiendra,
à raison de la détention arbitraire par elle
éprouvée; et vous ferez justice.

Signé, Madeleine-Rosalie THOUREIN.

RÉFLEXIONS

SUR LA PLAINTE ET L'EXPOSÉ PRÉCÉDENS.

—

Rosalie Thourein, comme on vient de le voir, trompée par les promesses fallacieuses du sieur Romain, en butte aux mauvais traitemens et aux menaces journalières de cet homme sans foi, n'ayant d'ailleurs aucun parent, aucun ami de sa famille, qui prît intérêt à son sort, s'était enfin décidée à quitter le comptoir du café des Mille-Colonnes, et à chercher un asyle dans une famille honnête, en attendant de pouvoir se placer décemment.

On a vu que le sieur Romain est venu la chercher jusque dans cet asyle, pour tâcher de la ramener chez lui, en affectant le repentir du passé, prodiguant les promesses pour l'avenir, et finissant par des menaces de vengeance; et que Rosalie persista dans sa résolution de ne plus retourner auprès d'un homme

dont elle ne connaissait que trop la perversité.

Mais elle ignorait encore que les lois établies
pour protéger les faibles, peuvent quelquefois
prêter à l'artifice des méchans le moyen de
faire des victimes; qu'en dénaturant les faits,
on peut parvenir à rendre l'innocence même
suspecte; et qu'à la veille de sa majorité, une
intrigue favorisée par l'imprévoyance d'un
juge-de-paix, pouvait, par l'application abu-
sive des dispositions de la loi, la placer sous
la puissance d'un inconnu, dévoué à son persécuteur, pour consommer sa ruine et y faire
participer les organes de la justice.

En effet, le sieur Romain, qui est inspiré par
la vengeance et par Brachet-Ferrières, trouve
dans la *jeunesse même* de Madelaine-Rosalie
Thourein, un moyen *légal en apparence*, de
punir la résistance qu'elle oppose à sa brutalité, et de mettre la loi de moitié dans ses
machinations. Elle est mineure, sans parent ni
ami qui s'intéresse à son sort : de là, l'idée de
lui faire nommer un tuteur.

On se demandera sans doute à quoi bon ce
tuteur, puisque Rosalie Thourein est bientôt
majeure, et *qu'elle n'a aucun bien à adminis-
trer?* Cela seul suffirait pour faire qualifier de

formalité dérisoire l'assemblée de famille convoquée à cette fin. Mais on verra bientôt que
cette prétendue assemblée de famille est une
violation de la morale publique et de toute
justice.

Le Code civil, article 406, exige que la
nomination du tuteur ait lieu par devant le
juge-de-paix du domicile du mineur. Pourquoi donc son prétendu tuteur a-t-il été
nommé dans une assemblée convoquée par
devant le juge-de-paix du neuvième arrondissement, où elle n'a jamais eu de domicile,
ni de droit, ni de fait? Pourquoi Rosalie
Thourein a-t-elle été ainsi distraite de son
juge naturel? Pourquoi le juge-de-paix du
neuvième arrondissement a-t-il ainsi empiété
une juridiction qui ne lui appartenait point,
et méconnu des droits consacrés par la sagesse
du législateur?

Mais il ne suffisait pas de trouver un juge-
de-paix disposé à ne pas regarder de si près à
la raison de compétence, il fallait encore se
procurer des parens ou alliés de la mineure
pour composer une espèce d'assemblée de
famille, et en imposer plus sûrement au magistrat. On présente à cet effet deux cousins
éloignés, les sieurs Chabert et Couturier, et

deux prétendus amis, les sieurs Georges et Coquelin, (voyez leurs domiciles et qualités dans la plainte précédente), qui ne la connaissent nullement, qui n'ont jamais eu la moindre relation avec sa famille, et qui, par conséquent, ne peuvent avoir aucun renseignement direct sur les prétendus motifs de la nomination d'un tuteur; et comme ces cinq personnes, dont trois étaient d'ailleurs absolument incompétentes par elles-mêmes, ne formaient pas le nombre exigé par l'art. 407 du Code civil pour la composition du conseil de famille, le juge-de-paix leur adjoignit son garçon de bureau, personnage aussi dérisoire que les autres.

Et c'est dans le dix-neuvième siècle, sous le règne d'un Roi juste et bienfaisant, au sein de la capitale, en présence des législateurs assemblés, qu'on se permet de faire des applications aussi burlesques de la loi pour opprimer un être faible et sans défense ! ! !

Si l'on ne perd pas de vue que toutes ces horribles machinations, conduites par le sieur Romain et son digne ami Brachet-Ferrières, ont pour but de forcer Rosalie Thourein à rentrer au pouvoir d'un vil adultère, ou de la punir d'avoir pu s'affranchir d'un joug ignominieux, on sera bien étonné du rôle qu'ont joué, dans cette circonstance, le juge de paix du neuvième arrondissement, et la sœur-grise Manon Moin, tante de la mineure, retirée à l'Hôtel-Dieu.

Il faut ici mettre dans tout son jour la conduite du sieur Romain, mari de la belle limonadière. Il avait déjà séduit la sœur aînée de Rosalie. C'est à l'époque de cette liaison criminelle avec la demoiselle Thourein aînée, qu'il conçut et exécuta le projet de se rendre maître de Rosalie, qui avait perdu ses protecteurs naturels, sans qu'aucune autre personne de sa famille songeât à prendre le moindre intérêt à son sort.

Séduite par les promesses du sieur Romain qui s'engageait à lui tenir lieu de père, Rosalie Thourein fut par lui menée dans une maison aux environs de Paris, où elle se trouva entièrement sous la dépendance de cet homme, et étroitement renfermée pendant un mois.

C'est alors qu'il lui proposa l'emploi de demoiselle de comptoir auprès de son épouse, la belle limonadière, au café des Mille Colonnes, avec douze cents francs d'appointement annuel.

Isolée dans le monde, sans ressource, sans

appui , sans expérience , et croyant au repentir de cet homme , elle accepta cette proposition qui semblait lui offrir un asyle assuré.

Le sieur Romain la conduisit alors à l'hôtel du Pérou , où il la laissa six semaines ; et ensuite , pour la rapprocher du Palais-Royal , il lui loua un appartement , rue du Hazard , qu'elle habita pendant un pareil espace de temps ; après quoi elle fut introduite au café des Mille Colonnes , et présentée à madame Romain par un officier , ami du sieur Romain , comme une orpheline pauvre , mais honnête , dont les charmes naissans et la décence pouvaient être d'une grande utilité pour attirer l'affluence des consommateurs.

C'est ainsi que Rosalie Thourein se vit installée au modeste comptoir de l'avant-salle , où la foule se porta aussitôt , attirée par la beauté de cette jeune demoiselle , dont le modeste front n'était orné que d'un simple bandeau de roses , moins fraîches que son teint.

Mais la malheureuse ne tarda pas à s'apercevoir qu'il n'y avait rien de sacré pour le sieur Romain. En butte aux poursuites acharnées de cet adultère éhonté, esclave plus que jamais de sa tyrannie, confinée dans une chambre tout le temps qu'elle ne figurait pas au comptoir ; maltraitée ou tourmentée à chaque instant , sous les prétextes les plus contradictoires et les plus futiles, elle a été, pendant plus de trois ans , dans toute la force du terme , la véritable prisonnière du sieur Romain ; et quoique celui-ci dût à la présence de sa demoiselle de comptoir , l'affluence de monde qui remplissait continuellement son café, il ne lui a jamais payé le moindre àcompte sur les appointemens de douze cents francs qu'il lui avait promis.

On a vu , par la plainte qui précède ces réflexions, que Rosalie Thourein parvint enfin, le 27 décembre 1817, à s'affranchir de l'esclavage , où elle était retenue depuis si longtemps, après avoir néanmoins communiqué son intention à madame Romain, qui approuva et encouragea son projet : circonstance dont on sentira facilement tout le poids. On a vu aussi que le sieur Romain se mit tout de suite à la recherche de la fugitive , et que, n'ayant pu parvenir à la ramener dans son infâme maison, à force de promesses et de protestations, il finit par la menacer de tout le poids de sa vengeance.

Pendant que le sieur Romain préparait les moyens de ramener sa victime, ou de la pu-

nir de son heureuse évasion , Rosalie Thourein avait eu le bonheur de trouver une place
de femme de charge chez une personne respectable, qui tient trois autres domestiques,
dont deux du sexe féminin.

La seule proche parente de Rosalie , à
Paris, est ladite Manon, sœur-grise de l'Hôtel-
Dieu , tante de cette infortunée. Jusqu'alors
elle n'avait pris aucun soin de sa nièce ; seulement à de longs intervalles , elle était venue la
voir au café des Mille-Colonnes , non pas pour
la retirer d'un lieu aussi suspect, mais pour
la féliciter au contraire du bonheur qu'elle
avait d'être placée dans une aussi *bonne maison
et chez un si respectable maître.* Cependant la
bonne religieuse Manon n'ignorait pas que ce
maître, si respectable à ses yeux, avait déjà
séduit et ensuite abandonné une autre de ses
nièces (1) , dont elle est obligée de soigner
l'enfant , fruit d'un commerce criminel , et
qu'elle a sans cesse sous les yeux (1).

---

(1) On ignore depuis quelque temps ce qu'est devenue
cette malheureuse demoiselle Thourein aînée , première
victime du sieur Romain.

(2) Dans une des premières visites de la bonne sœur
Manon à sa nièce Rosalie , au café des Mille-Colonnes ,

Le sieur Romain connaissait, sans doute, jusqu'à quel point il pouvait compter sur la sœur Manon, pour seconder ses projets sur la pauvre Rosalie. Il se rend dans sa chambre, à l'Hôtel-Dieu, accompagné de Brachet-Ferrières et du futur tuteur Georges, et lui fait signer, moyennant une gratification de deux cents francs (1), l'autorisation de poursuivre sa jeune nièce, si elle refuse de retourner chez son séducteur au café des Mille-Colonnes.

Après avoir ainsi acheté cette espèce d'autorisation à prix d'argent, la première chose qu'on imagine pour faire retomber la malheureuse Rosalie dans les filets du sieur Romain, c'est de l'effrayer en l'accusant d'avoir volé une montre en or à son ci-devant maître. Mais on n'osa donner un caractère sérieux à

---

celle-ci lui fit connaître sa véritable situation, les dangers continuels auxquels elle était exposée, et les mauvais traitemens dont sa résistance était le prétexte. *Mon enfant*, lui dit la respectable religieuse, *il faut manger, et tu sais bien que je ne puis pas t'entretenir moi-même.*

(1) Brachet-Ferrières a avoué, en présence de témoins dignes de foi, que la bonne religieuse, tante de Rosalie, n'a consenti à signer cette autorisation qu'après avoir reçu cette somme du sieur Romain.

cette horrible accusation ; et le sieur Romain, qui a des juges, et par conséquent la justice à sa disposition, trouvera bien plus aisément des suppôts ou prétendus suppôts de police, pour faire, au nouveau domicile de Rosalie Thourein, le simulacre d'une exécution judiciaire. En effet, des individus, avec des *décorations*, assurément fausses, et ayant le cafetier Romain à leur tête, se présentent pour arrêter, *au nom de la Loi*, cette infortunée demoiselle dans la maison de la dame, où elle avait d'abord cherché un asyle, comme coupable du vol d'une montre. La fermeté et la résistance de l'accusée déconcertèrent l'audace de ces prétendus officiers de police, qui prirent le parti de se retirer à la hâte, ne jugeant pas à propos de donner plus d'éclat à ce burlesque exécutoire. Voici la lettre écrite à ce sujet par Rosalie Thourein au sieur Brachet-Ferrières.

Rosalie – Madeleine Thourein, à M. Brachet – Ferrières, soi-disant avocat.

MONSIEUR,

Ayant été informée que vous avez besoin de me parler, quoique votre profession d'avocat dût m'inspirer de la confiance, cependant, la défense que vous prenez d'un homme méprisable, M. Romain, sous l'apparence de l'avocat de mademoiselle Manon Moin, et la calomnie dont vous vous servez est une raison assez forte pour m'empêcher d'avoir une conversation avec vous: j'ai un avocat qui doit me défendre contre les attaques d'un homme, que la vengeance seule fait agir. La conduite odieuse qu'il ne craint pas de tenir envers moi, me prouve toute la lâcheté de son cœur; depuis longtemps il connaît le projet que j'avais de le quitter; ses mauvais traitemens, les propos infâmes qu'il me tenait afin de m'effrayer, les menaces qu'il me fit, si j'avais l'envie de le quitter, ne firent que me rendre plus forte dans ma résolution. Alors il développa son caractère odieux; il me dit que, s'il me rencontrait, il me jetterait une bouteille de vitriol au visage. Plusieurs jours avant mon départ, il voulut me frapper avec un flambeau qu'il tenait à la main; enfin, il m'assura que, si je le quittais, il emploierait les plus noires calomnies, afin de me faire perdre entièrement ma réputation. Le monstre réalise ses horribles projets, mais il ne peut m'effrayer: la justice doit le juger comme il le mérite.

Je serais fâchée de voir qu'un homme d'une profession aussi honorable, se nuisît à lui-même en servant une cause aussi horrible que basse; mais, je le répète ici, je ne crains rien : remplissez votre tâche, si vous le voulez. La fausse accusation que vous avez répandue au sujet d'une montre volée, est une calomnie si honteuse et si indigne de moi, qu'il est inutile que je discute avec vous.

Signé Rosalie THOUREIN.

Paris, janvier 1818.

Ce moyen n'ayant pas réussi, on cherche à attirer Rosalie Thourein dans la chambre de la sœur-grise, sa tante, à l'Hôtel - Dieu, où devaient se trouver, en même temps, le sieur Romain et ses dignes acolytes, Brachet-Ferrières et Georges. Mais la pauvre demoiselle, instruite à temps du piège, revient sur ses pas, et adresse à la *bonne Religieuse* la lettre suivante :

MA TANTE,

Je me rendais avec confiance aujourd'hui, pour avoir une explication que nous devons désirer toutes deux; mais jugez de ma surprise, lorsque l'on m'a dit que vous aviez chez vous M. Romain, que l'honneur me prescrit de fuir, accompagné de deux hommes qui, sans doute, n'avaient pas bon dessein. Ainsi, quel que soit ce que vous avez à me dire, je n'irai jamais chez vous; car il est clair que vous êtes du complot de ce méchant homme. D'après cette raison, je ne dois plus avoir de confiance en vous. Ecrivez-moi, je vous répondrai. S'il faut la justice, je saurai la trouver; et songez que rien ne peut ébranler ma résolution. J'ai confié mon sort à un homme respectable. Ma conscience est pure, ainsi j'aurai le courage de répondre à vos attaques.

Signé ROSALIE THOUREIN.

Paris, janvier 1818.

Le même jour elle écrivit ce qui suit à l'épouse du sieur Romain :

MADAME,

Depuis que j'ai quitté votre maison, votre époux ne cesse de me poursuivre de la manière la plus affreuse : des mouchards gagnés par lui m'auraient déjà ravi la liberté, si je n'avais prévenu leurs astuces. Je vous prie, Madame, d'employer les droits que vous avez sur sa conduite, pour faire cesser ses importunités, ou je me verrai forcée d'employer la justice, et cette affaire deviendra fâcheuse pour lui et sa maison ; car sa conduite devient si scandaleuse, qu'aujourd'hui, sachant que je devais aller chez ma tante, il y était avec deux hommes, et sans doute il m'attendait pour exécuter quelque dessein horrible. Je ne le crains pas ; mais je serais fâchée de vous causer des désagrémens.

Signé ROSALIE THOUREIN.

Paris, janvier 1818.

Deuxième lettre de Rosalie-Madeleine Thourein à la bonne sœur Manon Moin, sa tante.

MA TANTE,

Est-il possible que vous puissiez aujourd'hui servir la cause la plus horrible, enfin, la cause d'un homme qui, non content de mériter le vrai nom de séducteur, voulait encore, par des astuces odieuses, dégrader mon cœur et me démoraliser entièrement ; cependant

il n'a pu altérer des principes qui avaient pris crois-
sance malgré toute son immoralité ; et sa honte doit
être à son comble, en voyant que, malgré l'ascendant
qu'il s'était permis de prendre sur moi . . . . ., mon
cœur désirait depuis longtemps de le quitter. . . . .

Si, d'après la délicatesse que je vous connais, vous
ne cessez vos démarches indiscrètes surtout chez la
femme respectable qui m'a reçue au milieu de ses
enfans, me considérant comme tel , je crains alors
pour vous et pour toute autre personne qui oserait se
permettre la moindre démarche. Je ne crains rien au
monde que la puissance de Dieu ; aussi ne croyez pas
m'intimider en faisant valoir des droits que vous n'a-
vez pas : je crois ne pas vous apprendre une chose
nouvelle ; il me semble que vous auriez dû commen-
cer, il y a deux ans et demi ; mais à présent vous per-
dez votre cause. Si cependant vous voulez me parler,
vous serez reçue avec plaisir. Je suis heureuse et
tranquille, votre présence ne troublera pas ma tran-
quillité.

Signé ROSALIE THOUREIN.

Paris, janvier 1818.

Les persécuteurs de cette infortunée demoiselle, ayant ainsi échoué dans les deux premières tentatives, imaginèrent alors un nouveau moyen : ce fut de provoquer *un conseil
de famille* pour la nomination du *tuteur*,
comme il a été dit plus haut, afin de pouvoir
agir contre elle avec toute la force de la puis-

sance paternelle. On a vu le résultat de ce dernier effort d'une perversité calculée , qui se
joue de la justice et des hommes, en les faisant
servir d'instrumens aux plus grossières machinations (1). Mais ces misérables , effrayés sans
doute de leur propre monstruosité, cherchèrent
bientôt à se prémunir contre les suites de leur
abominable complot.

Instruits par la religieuse sœur Manon , que
Rosalie Thourein venait d'adresser une plainte
à M. le Procureur-général, le cafetier Romain,
et le sieur Georges , *tuteur d'occasion*, comme
il se qualifie lui-même , accourent au couvent
des Dames de Saint-Michel , et là, après avoir
tenu conseil avec la tante de Rosalie et les religieuses de la maison, ils font écrire par cette

-----

(1) Rosalie Thourein , arrêtée en plein jour, au milieu
d'une foule de spectateurs qui s'attendaient , sans doute, à
voir saisir quelque grand criminel d'état , tant on y avait
mis d'appareil , a été , sans égard pour son sexe et son
âge , brutalement traînée hors de son domicile , sans qu'on
lui ait permis de prendre son schall et son chapeau, comme
si les harpies du sieur Romain , toujours présent à l'opéra-
tion , eussent craint de se voir enlever une aussi belle
proie , et enfermée , au pain et à l'eau , dans une maison
de réclusion où l'on ne met ordinairement que les personnes d'une inconduite notoire ou scandaleuse.

malheureuse fille, différentes lettres sous leur dictée , une, entre autres , à son prétendu tuteur, *présent à la rédaction*, dans laquelle on lui fait dire qu'*elle est résolue de se faire religieuse, qu'elle est parfaitement satisfaite de son sort actuel* , que *le cafetier Romain est son cher protecteur* , et que *sa tante, la sœur-grise , est une sainte personne.*

Si on a droit d'être surpris en voyant partout figurer le sieur Romain , qui n'était ni parent , ni allié de Rosalie , ni même membre du conseil de famille , on le sera bien davantage , lorsqu'on saura que cette jeune demoiselle , détenue dans le couvent de Saint-Michel , est obligée par sa respectable tante la sœur Manon , par son *illustre tuteur d'occasion* le prétendu jurisconsulte Georges , et par les dames de la maison, de recevoir tous les jours la visite de ce vil adultère , le cafetier Romain ! ! ! tandis que son avocat n'a pu obtenir la permission de la voir et de lui parler ! ! ! (1)

---

(1) C'est le sieur Dassonvillez , rue de la Vrillière, n°. 8, près la Banque de France, avoué du cafetier Romain, et rédacteur de la requête adressée à M. le Président par le prétendu tuteur, qui a donné ordre positif et par écrit à la supérieure des Dames de Saint-Michel , de fermer la porte

De tout ce qui vient d'être exposé, il résulte évidemment que l'arrestation de Rosalie Thourein est un acte contraire aux lois, arbitraire et illegal, par les motifs suivans :

1.º Le conseil de famille n'a pas été convoqué pardevant le juge de paix du domicile de la mineure, comme le veut l'article 406 du Code; par conséquent celui qui a été tenu en présence du juge de paix du neuvième arrondissement, étant incompétent, n'a pu transmettre au sieur Georges, ni le droit de tutelle, ni aucune espèce d'autorité sur la personne de Rosalie Thourein.

2.º D'après l'article 409 du Code, à défaut d'un nombre suffisant de parens ou alliés sur les lieux, le juge de paix doit appeler des parens ou alliés domiciliés ailleurs, ou des *citoyens connus pour avoir eu des relations habituelles d'amitié avec le père ou la mère du mineur.* Or, le juge de paix du neuvième arrondissement, comme pour aggraver le vice d'incompétence dont il voulait bien se charger, au lieu d'appeler des personnes qui eussent

---

du couvent à l'avocat de Rosalie , et de ne laisser entrer dans cette sainte maison, auprès de la malheureuse récluse, que son séducteur, le sieur Romain, et ses suppôts !!!

connu le père ou la mère de Rosalie Thourein , quoiqu'il en existât plusieurs, même
dans son arrondissement (1), a fait figurer son
garçon de bureau, comme membre du conseil
de famille , par conséquent comme un *citoyen
connu pour avoir eu des relations habituelles
d'amitié avec le père ou la mère de la mineure :*
ce qui est une insigne fausseté (2).

5° Les prétendus parens , alliés ou amis,
qui ont composé ce burlesque conseil de
famille, n'ayant jamais vu ni connu le père ni
la mère de Rosalie Thourein, ni cette mincure
elle-même, ne pouvaient, par conséquent,
être juges de la conduite de celle-ci. L'ignoble

---

(1) Entre autres le portier de la maison chez qui le père
de Rosalie Thourein avait demeuré avant d'entrer à l'hô-
pital , où il est mort. Cet homme connaissait parfaitement toute la famille depuis plusieurs années , et il est lui-
même bien connu de la sœur Manon , qui sans doute aura
eu ses raisons pour ne pas le faire appeler au conseil de
famille.

(2) Un sieur Vaillant , que la complaisante sœur Manon
voulait faire passer pour son parent , avait été d'abord
appelé au conseil de famille ; mais cet homme, vraiment
honnête, se retira , sans vouloir aller plus loin , aussitôt
qu'il eut entendu le développement de l'affaire et le nom
des acteurs.

tuteur de leur choix n'a jamais signifié à sa prétendue pupille aucun ordre de quitter la maison où elle était employée, ne lui a jamais indiqué ni offert d'autre asyle, et ne s'est jamais, en aucune manière, fait connaître à elle comme son tuteur.

4° Le prétendu tuteur, qui n'est qu'un *misérable mercenaire à la solde du cafetier Romain, logé dans un sale galetas*, et très-mal famé, en a imposé au juge-de-paix par de fausses qualifications, en se disant jurisconsulte.

5° L'article 450 du Code civil fait un devoir au tuteur de prendre soin de la personne de son pupille. Or, le premier acte que fait le nommé Georges, pour signaler sa tutelle, est de calomnier juridiquement sa prétendue pupille de la manière la plus affreuse, avant même de l'avoir vue, et sans être jamais entré en relation directe ou indirecte avec elle.

6° D'après l'article 468 du Code, il faut que le tuteur ait des sujets de mécontentement graves sur la conduite du mineur, pour qu'il puisse porter ses plaintes à un conseil de famille, et provoquer la réclusion; or, c'est avant d'avoir vu sa prétendue pupille, que le nommé Georges, pour se faire autoriser à provoquer sa réclusion, à convoqué un soi-disant conseil de famille, dont aucun des membres n'avait, non plus que lui, jamais vu ni connu Rosalie Thourein.

7° Le sieur Chabert, l'un des membres de ce prétendu conseil de famille, à l'époque où il votait ainsi, sans connaissance de cause, la réclusion de Rosalie Thourein, avait *traité* avec le cafetier Romain pour placer *sa propre fille, demoiselle intéressante de seize ans, au comptoir du café des Mille-Colonnes, quoiqu'il fût bien informé de la conduite infâme de ce vil adultère envers Rosalie et sa sœur aînée : traité immoral, qui n'est qu'une sorte de prostitution palliée de sa propre fille*, et qui atteste hautement *que cet indigne père était déjà intéressé à la perte de Rosalie Thourein par les promesses ou les dons corrupteurs de Romain, et par conséquent incapable de figurer dans un conseil de famille.*

8° La requête présentée par le soi-disant tuteur Georges au président de la première Chambre, et sur laquelle M. Try a délivré l'ordre de réclusion, est fausse et calomnieuse en ce qu'il y est dit, que Rosalie Thourein à quitté une *respectable maison de commerce où elle avait été placée*, pour aller demeurer avec un homme seul, comme sa maîtresse, tandis que la vérité est qu'elle n'a été placée dans cette soi-disant *respectable maison que par Romain lui-même*, et qu'au lieu d'aller demeurer avec un homme seul, comme le dit le prétendu tuteur dans sa réquête calomnieuse, elle chercha immédiatement un asyle au sein d'une famille honnête, auprès d'une dame mariée, épouse estimable d'un employé du gouvernement, d'où elle n'est sortie que pour se soustraire aux poursuites criminelles du sieur Romain, et se procurer une place décente qui pût assurer sa subsistance et la mettre hors des atteintes de son persécuteur.

Et cet intérêt si tendre et surtout si actif, qui se réveille dans le cœur de ses parens, d'où prend-il sa source? et à quoi vise-t-il?... Qu'est-ce qui le détermine?... Est-ce le bien-être de cette malheureuse orpheline si long-temps négligée?... C'est donc pour son bien qu'on la confine pour six mois dans les murs du couvent de Saint-Michel, sans compter ce qu'on lui destine au bout de ce terme!... Un intérêt bien plus précieux nous guide seul, répondra, dans la ferveur de son zèle, la tante de Rosalie, cette sœur hospitalière de l'Hôtel-Dieu, la sœur Manon, qui sommeillait à l'épo-

que la plus critique de la carrière de sa nièce :
ce sont ses mœurs que nous voulons sauver;
c'est pour l'arracher à la perdition que nous
lui avons menagé une sainte retraite.... A la vérité, cette retraite peut paraître de quelqu'utilité,... quand on sait que l'infortunée a passé
les trois plus belles années de sa vie au café
des Mille - Colonnes, sous la protection, ou
plutôt sous la tyrannie du sieur Romain; mais
dites - nous, tante si tardivement scrupuleuse, qui a placé aux Mille-Colonnes votre
nièce, Rosalie Thourein, si ce n'est le cafetier Romain lui-même ? Et n'avez-vous pas
fermé les yeux jusqu'à présent ? Oui ! bonne
religieuse Manon : c'est la vérité.

Le neuvième arrondissement a été heu-
reusement choisi par le cafetier Romain, et
son respectable ami Brachet-Ferrières, pour
leur centre d'opérations, comme le plus propre au développement et au succès de leur
tactique, en présence d'un juge-de-paix,
affaibli par l'âge, partant peu clairvoyant et
facile à décevoir : combinaison qui ne leur a
que trop bien réussi pour le malheur de leur
victime.

Les deux nobles champions cependant ne

comptent pas assez sur leur valeur bouillante, pour négliger les autres mesures qui peuvent assurer leur triomphe ; ils savent que l'argent surtout est le nerf de la guerre, et le gage certain de la victoire : aussi Romain ne l'épargne pas. L'or est prodigué de tous côtés : la corruption est à l'ordre du jour.

N'est-ce pas à des prodigalités de ce genre qu'il faut attribuer les banqueroutes qui se font journellement ? Et cependant ces hommes de mauvaise foi, après avoir ainsi abusé de la confiance de leurs créanciers, ne vont pas tous figurer au pilori ! Le peu d'exemples qu'on en voit ne suffit pas pour retenir les autres.

Le limonadier Romain, qui a dissipé au moins deux mille francs en peu de jours pour assouvir sa vengeance contre une malheureuse fille, déjà victime de sa brutalité, est dans ce moment poursuivi par un respectable négociant, monsieur N........, en restitution d'une somme considérable, à lui prêtée pour le sauver d'une ruine complette. Quelle satisfaction donnera à une créance aussi sacrée, cet homme pervers, qui n'a de l'argent que pour faire le mal ? Il déclare qu'il n'a pas le moyen, *ni probablement la volonté*, de payer ;

car il n'était pas impuissant la veille pour sala-
rier avec largesse les vils instrumens de ses
machinations ; et ce misérable, se jouant de
ses propres obligations, comme il a sans
doute toujours fait, a maintenant recours à
toute sorte de chicanes pour échapper au paie-
ment d'un prêt auquel il a dû jadis son salut,
et il a l'impudence de parler d'assurer six
cents francs de rente viagère à l'infortunée
victime de sa perversité, dans le même moment où il refuse d'acquitter une dette légi-
time, et lorsque sa maison de campagne (car
ce personnage en a une) est déja hypothéquée
pour la créance de monsieur N...... et que
presque tous les diamans de madame Romain
sont entre les mains de ce créancier, comme
garantie subsidiaire ! Et ce misérable a non-
seulement le pouvoir de dissiper impunément
l'argent d'autrui, mais encore celui de faire
plier les lois au gré de ses honteuses passions,
et de se soustraire au châtiment dû à ses
méfaits !

Que serait-ce si nous déroulions ici le ta-
bleau de toutes les infâmies qui le vouent au
mépris public ; si nous le montrions divor-
çant avec une première épouse, pour s'unir à

une demoiselle bien née (1), qu'il parvint à tromper, en s'attribuant des propriétés qu'il n'eut jamais! Mais il est temps de sortir de ce cloaque d'iniquités, et de présenter, en finissant, le budjet de ses dépenses dans l'affaire de Rosalie Thourein, ou, ce qui revient au même, le tarif de la conscience de ceux qu'il a employés pour persécuter cette fille.

La première place, dans ce tarif, est due, à plus d'un titre, au digne ami de Romain, le sieur Brachet-Ferrières, soi-disant avocat, premier moteur du complot tramé contre une fille: il reconnaît avoir reçu de Romain, le premier jour. . . . . 120 f.

La seconde appartient de droit à la pieuse sœur Manon, qui a bien voulu remettre sa nièce sous la main de son

---

(1) La belle limonadière, fille d'un capitaine français, très-bien élevée, ayant des manières distinguées, et bien digne d'un meilleur sort : victime aussi du sieur Romain, dont le déshonneur rejaillit sur elle, elle ne saurait se relever jamais dans l'opinion, quand même elle parviendrait à prouver que l'évidence où elle se met, son luxe, son trône, son éclat d'emprunt, lui coûtent en secret les larmes les plus amères, les regrets les plus cuisans, et que d'ailleurs elle les expie avec usure par les mauvais traitemens auxquels elle est sans cesse en butte de la part de son vil époux.

report   1 20 f.

séducteur, moyennant la somme de. .   200

En bonne règle, le *tuteur d'occasion* aurait dû être placé en première ligne , attendu l'importance du rôle qu'il a joué ; mais , prenant en considération la modicité de la dépense , et la menace qu'il fait de se démettre de sa noble tutelle , si le limonadier Romain n'augmente pas ses gages , nous croyons être justes envers lui en ne le portant qu'en troisième ligne pour les vingt-sept francs qu'il avoue, en rougissant, avoir reçus . . . . . .   ·27

Parcelle de frais pour la convocation du prétendu conseil de famille.   180

Mouchards d'emprunt , employés à poursuivre Rosalie Thourein jusques chez la dame respectable où elle avait trouvé un asyle , sous prétexte d'une montre volée à Romain : deux hommes , à cinq francs par jour , pendant quatre jours.   40

Subornation et corruption du burlesque conseil de famille , y compris l'arrangement, pour faire entrer mademoiselle Chabert, fille d'un des

567

ci-contre   567 f.

membres du conseil, qui donna son suffrage pour l'arrestation de Rosalie Thourein, et qui ensuite mit sa fille à sa place, pour deux ans, au café des Mille-Colonnes, quoique Chabert eût parfaite connaissance que Romain lui-même avait été le séducteur de la malheureuse Rosalie : c'est bien le moins de compter trois fois autant que pour la digne Manon.   600

Le sieur Dassonvillez, avoué complaisant du sieur Romain, qui a figuré avec quelque éclat dans cette scandaleuse et détestable intrigue, n'a certainement pas prêté son ministère *gratis* : on ne peut lui allouer moins que le double du prix accordé à Brachet-Ferrières, pour l'adresse avec laquelle il a su, dans la fameuse requête, jeter de la poudre aux yeux du président de la première Chambre du Tribunal, et pour l'assistance prêtée par lui et son clerc dans l'exécution, conduite en personne par le cafetier Romain.   240

————
1407

(50)

report   1407

Le sieur Bouillart, huissier, le plus respectable de tous les acteurs de cette scène n'a pu recevoir, pour lui et ses recors, moins de.   30

Trois mois d'avance pour la pension de Rosalie à la maison de réclusion.   100

Reste les dépenses incidentes et secrètes, qu'on peut se contenter d'évaluer à.   400

1937

Le complot tramé contre la liberté de Rosalie Thourein, est d'une nature si odieuse et si manifeste, que nous, comme l'un des membres du conseil de famille, instruit postérieurement de toutes les circonstances de cette infernale machination, nous sommes empressés de nous justifier de toute complicité, en adressant, à monsieur le Procureur général, la lettre dont suit la teneur :

Monsieur le Procureur-général,

Je dois à la conscience et à la vérité, d'éclairer votre religion sur le complot odieux qui a privé Rosalie Thourein de sa liberté. . . . . . .

Comme membre du conseil de famille et figurant

au procès-verbal, je serais au désespoir que l'on pût me croire complice d'un acte aussi immoral, caché sous le masque de la religion et des mœurs.

Lorsque j'ai signé l'acte trop tardif qui a donné un tuteur à Rosalie, j'ai cru lui donner un conseiller, un guide et un protecteur, mais non pas un tyran dévoué, ainsi que la sœur Manon, au séducteur de son innocence.

Le sieur Romain, furieux de ce qu'elle avait voulu se soustraire à cette ignominie, a juré sa perte en la faisant arrêter avec un éclat scandaleux, comme si elle était dans un lieu de débauche, et cela, pour la priver de tous moyens honnêtes d'existence, et la forcer, par la misère, d'avoir plus tard recours à lui.

Des affaires personnelles m'ayant empêché de me rendre au second conseil dit *de famille*, je n'ai pu m'opposer à la requête présentée à M. le Président, pour obtenir l'ordre de son arrestation, requête remplie de mensonges et de faussetés, et dictée entièrement par le sieur Romain, qui, pour obtenir que la sœur Manon la fît signer à ce conseil de famille, *a déposé entre ses mains une somme de deux cents francs.* Je n'ai appris ce fait qu'après son arrestation, ce qui m'a convaincu de l'immoralité de la *sœur Manon, qui a capitulé avec le sieur Romain, et trafiqué, pour cette faible somme, de la liberté de sa nièce ;* et ceux qui ont attesté que cette requête ne contenait que la vérité, ne connaissaient pas même la jeune personne, et s'en sont rapportés au dire de la *sœur Manon.*

Maintenant on dit que la jeune personne se trouve

fort bien où elle est détenue, qu'elle désire rester où elle est, et qu'elle proteste contre tout ce qu'on pourrait faire pour lui procurer sa liberté. Mais M. le Procureur-général sait aussi que ce qu'on écrit sous les verroux ne tire point à conséquence, surtout étant en opposition avec les intérêts de la signataire. Il ne serait cependant pas étonnant que la jeune personne eût quelque répugnance à rentrer subitement dans le monde, après l'éclat scandaleux qu'on a donné à son arrestation ; mais, l'ordre de sa détention levé, ne serait-elle pas toujours libre de rester dans cette maison, si cela lui convenait ? Elle pourrait du moins communiquer avec les personnes qui s'intéressent à elle, et qui pourraient aviser aux moyens de lui procurer l'existence : ce que la *sœur Manon* n'a jamais pu faire, étant elle-même pensionnée de l'administration de l'Hôtel-Dieu.

On dit qu'elle est disposée à prendre le voile : je doute fort de cette subite vocation, puisque la *sœur Manon* a proposé, il y a quatre jours, à une personne, en présence de ma femme, de faire lever l'ordre de son arrestation, *si elle voulait l'épouser de suite, en ajoutant que sa nièce se verrait sa femme avec plaisir.* Il y a assurément trop de différence entre ces deux états, pour qu'on puisse choisir l'un ou l'autre indifféremment ; mais une jeune tête peut être aisément fanatisée : on se croit une héroïne de roman, on consomme le sacrifice, qui est toujours suivi des regrets et du désespoir.

Toutes ces considérations me portent, Monsieur, à

vous prier de prendre cette jeune personne sous votre protection, et de ne pas permettre qu'elle soit détenue plus longtemps à la requête *de prétendus parens qui ne la connaissent même pas*, excepté *la sœur Manon*, qui s'occupe d'elle aujourd'hui pour la première fois, après avoir abandonné sa tendre jeunesse à toutes les séductions, et qui ne se montre aujourd'hui si scrupuleuse, que pour satisfaire *à la passion du sieur Romain*, à qui elle est toute dévouée, *qu'elle a conduit elle-même auprès de sa nièce détenue, qui paie sa pension, et qui a déjà séduit la sœur aînée de Rosalie.*

J'abandonne à votre sagesse les réflexions que j'ai l'honneur de vous soumettre, et que je devais à la vérité et à ma conscience.

J'ai l'honneur d'être, avec les sentimens de la plus haute considération,

Monsieur le Procureur-général,

Votre très-humble et obéissant serviteur,

Signé JOURDAIN,

Ancien Avocat au Conseil du Roi.
Paris, ce 13 février 1818.

En donnant le dernier coup de pinceau à cette conspiration horrible, imaginée et mise à exécution en présence de M. Colmet de Santerre, juge de paix du neuvième arrondisse-

ment, par l'adultère Romain et par des misérables à sa solde, le soi-disant avocat Brachet-
Ferrières, le tuteur d'occasion postiche Georges,
le *complaisant* avoué Dassonvillez, la *pieuse*
Manon, sœur-grise en retraite à l'Hôtel-Dieu,
le chaudronnier Couturier, cousin de la mineure au cinquantième degré, le miroitier
Coquelin, figurant en qualité de subrogé-tu-
teur, l'*honnête* serrurier Chabert, autre membre du burlesque conseil de famille, qui a
donné l'innocence de sa fille *à garder* au cafetier Romain (1), nous ne devons pas oublier
de faire mention d'un autre acteur dont nous
n'avons point parlé encore, et qui, quoiqu'à
son début dans la carrière, peut dire, à juste
titre, en parodiant le *Cid :*

Je suis jeune, il est vrai, mais aux âmes *mal* nées
Le vice n'attend pas le nombre des années.

Ce personnage est un sieur VINAY, demeurant rue Vivienne, n°. 8, se disant étudiant en

---

(1) Les Religieuses du couvent de Saint-Michel ont sans
doute aussi bonne opinion de la *chasteté* du sieur Romain,
que le serrurier, puisqu'elles lui ont *laissé, pendant
plusieurs jours, l'entrée libre de leur maison, où il
passait des journées presque entières* sous les auspices
de la *pieuse* sœur Manon.

droit, et clerc de l'*intrigant* avoué Dassonvillez. Il a été mis en avant par celui-ci, et introduit dans le second conseil de famille comme parent ou ami ; et pourquoi faire? Afin de voter, pour un salaire aussi vil que lui, la réclusion d'une jeune fille qu'il n'avait jamais vue , dont il n'a jamais connu les parens. Quelles précieuses dispositions il annonce déjà ! quel honorable sujet pour le barreau ! à quelles hautes destinées ne doit-il pas s'attendre, si son active industrie ne rencontre point d'écueils qui fassent dévier sa nacelle du côté de Toulon ou de Brest ? Aussi il entrait dans notre plan de faire connaître un jeune homme qui présente d'aussibelles espérances , et nous le réunissons dans l'application que nous faisons ici aux autres acteurs, de cette maxime :

> Drag forth the miscreants to public view,
> And *give each villain* all a villain's due,
> The whip, the pillory, and the gibbet too.

TRADUCTION.

« Démasquer les méchans aux regards du public, et leur faire expier leurs attentats sous le fouet, au pilori, et même sur le gibet, suivant le degré de mérite de chacun. »

Imprimerie d'Ant. BÉRAUD, faubourg Saint-Martin, n°. 70.